图说武当秘技系列

武当太乙擒扑手

余省威 著

人民体育出版社

图书在版编目（CIP）数据

武当太乙擒扑手 / 余省威著. -- 北京：人民体育出版社, 2023
（图说武当秘技系列）
ISBN 978-7-5009-6346-2

Ⅰ.①武… Ⅱ.①余… Ⅲ.①拳术－套路(武术) Ⅳ.①G852.19

中国国家版本馆CIP数据核字(2023)第143925号

*

人民体育出版社出版发行
三河兴达印务有限公司印刷
新 华 书 店 经 销

*

880×1230　32开本　8.125印张　199千字
2023年12月第1版　2023年12月第1次印刷
印数：1—3,000册

*

ISBN 978-7-5009-6346-2
定价：36.00元

社址：北京市东城区体育馆路8号（天坛公园东门）
电话：67151482（发行部）　　邮编：100061
传真：67151483　　　　　　　邮购：67118491
网址：www.psphpress.com
（购买本社图书，如遇有缺损页可与邮购部联系）

丛书绘图组

高　翔　丁亚丽
高　绅　李梦瑶

总　序

2017年，中共中央办公厅、国务院办公厅印发了《关于实施中华优秀传统文化传承发展工程的意见》（以下简称《意见》），并发出通知，要求各地区各部门结合实际认真贯彻落实，体现了党和政府对中华优秀传统文化的重视。

在国民教育方面，《意见》提出，加强中华优秀传统文化相关学科建设，重视保护和发展具有重要文化价值和传承意义的"绝学"、冷门学科。在保护传承文化遗产方面，《意见》提出，推动民族传统体育项目的整理研究和保护传承。

中华武术有着数千年的发展历史，是中华民族在社会实践中创造的宝贵财富，是中华文化的重要组成部分。武当武术作为"内家之宗"，在武术爱好者中具有极高的认知度。正是基于此，我们策划了这套"图说武当秘技系列"丛书。

本套丛书种类齐全，既有养生法，又有技击术，还有大力功，精心选取与展现了丰富多彩的武当诸派秘技；注重练法，注重实效，突出"图说"，简明扼要，便于阅读和学习。丛书编写者都是武当武术相关的专家、学者、教授，他们既有自身体验，又有教学经验，既有很高的技术水平，又有很深的学术造诣。当然，不足之处在所难免，欢迎读者批评指正，以利今后进一步充实与完善。

内容提要

所谓"擒扑手","擒"即擒拿,"扑"是跌扑,两技结合,防范更加不易。"手",一是单指,意多用手,擒为根本,没有擒手,何谈擒扑;二是泛指,手即是招,克敌制胜,将其擒扑。

擒扑十八手，乃太乙精选招式，技法独特；注重旋劲，上下合击；简单易学，实用高效。有歌曰："太乙擒扑法，妙手有十八。沾衣去捉拿，绊腿加勾挂。歪斜又晃悠，不躺就下趴。"

内容提要

擒扑四十七手，技法完整全面，乃为太乙门惯用绝招。运用时，要反应灵敏，眼疾手快；辨位准确，动静结合；乘势借力，柔化刚发；一气呵成，整重连环；抓筋拿骨，近摔远跌。

二十四手反擒扑，为太乙自卫秘技。遇敌擒拿或敌欲使摔跌时，尽快破解，乘机反击，顺势擒扑。其用招关键在于料敌机先，反应灵敏，及时抵抗，随机应变，争取主动，快速反制。

目 录

第一章 太乙擒扑入门 / 2

一、手形 / 4

二、手法 / 6

三、步法 / 22

四、腿法 / 28

第二章 太乙擒扑十八手 / 40

一、太乙阴阳 / 42

二、穿插抖转 / 45

三、顺手牵腿 / 47

四、擒托连手 / 49

五、穿手绊马 / 52

六、拦压甩扑 / 55

七、倒背旋扑 / 58

八、顺势拨云 / 61

九、玄冥分水 / 63

十、盘手旋扑 / 65

十一、太乙担山 / 68

十二、连蹬双推 / 70

十三、天旋地转 / 73

十四、翻天覆地 / 75

十五、掀转乾坤 / 77

十六、旋扭倒扫 / 78

十七、扒拉勾挂 / 80

十八、擒扑搬拦 / 82

第三章　太乙擒扑四十七手 / 84

一、混元一气 / 86

二、旋转乾坤 / 89

三、白猿出洞 / 91

四、双峰拜日 / 94

五、勒马悬崖 / 98

六、海底顶云 / 100

七、蛟龙冥蒙 / 103

八、雷劈山洪 / 105

目　录

九、犀牛望月 / 107

十、转身托天 / 109

十一、青狮抱球 / 111

十二、闪耀金庭 / 113

十三、豹子含枚 / 115

十四、仰颈惊林 / 117

十五、大鹏展翅 / 119

十六、群兽震惊 / 122

十七、花鹿采芝 / 125

十八、俯饮清泉 / 127

十九、黄蟒吐津 / 129

二十、戏引蝼群 / 131

二十一、鲤鱼打挺 / 133

二十二、波浪滔天 / 135

二十三、雄鹰探山 / 137

二十四、双擒群鸡 / 139

二十五、仙鹤腾空 / 141

二十六、飞舞风云 / 143
二十七、金猴窃丹 / 145
二十八、炉火皆平 / 147
二十九、青娥探月 / 149
三十、波平浪静 / 151
三十一、黑熊反掌 / 153
三十二、威震森林 / 155

三十三、金蟾得度 / 157
三十四、醉卧瑶池 / 159
三十五、喜鹊登枝 / 160
三十六、寒立梅荫 / 162
三十七、苍龙入海 / 164
三十八、意守心宁 / 166
三十九、野马抖鬃 / 168
四十、烈性飞腾 / 170

四十一、神猿入洞 / 172
四十二、性归心田 / 174
四十三、彩凤凌空 / 176
四十四、百鸟齐鸣 / 178
四十五、伏虎灵台 / 180
四十六、永守黄庭 / 182
四十七、抱元守正 / 184

第四章　太乙反擒扑二十四手 / 186

一、太乙游宫 / 188
二、纯阳拖牛 / 190
三、青龙卷尾 / 192
四、黑虎晃膀 / 194
五、金豹回首 / 196
六、果老上驴 / 198
七、孤雁盘翅 / 200

八、仙姑挎篮 / 202

九、小龙摆尾 / 204

十、白虎回身 / 206

十一、力士拔柳 / 208

十二、推山倒海 / 211

十三、白猿搜根 / 214

十四、悬崖勒马 / 217

十五、潜龙出水 / 219

十六、大力单鞭 / 222

十七、道童脱靴 / 224

十八、横云断山 / 226

十九、海底捞月 / 228

二十、摘桃拔根 / 230

二十一、擒将摘盔 / 232

二十二、关门送客 / 234

二十三、公明骑虎 / 236

二十四、金蝉脱壳 / 238

第一章
太乙擒扑入门

太乙武术以武当内家为多，练法非常丰富。如太乙神剑门、太乙铁松派、太乙两仪门、太乙天鹰门等分派；如紫霄太乙拳、太乙五行拳、太乙天尊拳、太乙乾坤拳、太乙玄武拳、太乙阴阳掌、太乙火龙掌、太乙绵掌、太乙逍遥掌、太乙玄阴掌、太乙八门掌、太乙游龙太极拳等拳技；如太乙十三势、太乙闪手、太乙点按术、太乙玄阴脚、太乙五行擒扑等招术；如太乙行云剑、太乙逍遥剑、太乙拂尘等器械；有太乙游龙功、太乙仙鹤功、太乙乾坤功、太乙元功等功夫，不胜枚举。

何谓太乙擒扑手？

"太乙"，又称太一或泰一，本是哲学概念，后发展成为了星名与神名。今天又有不少武术流派，把拳名冠之以"太乙"，主要用来昭示本派特色，誉其境界高妙，暗藏玄机。

所谓"擒扑手"，简单地讲，"擒"就是擒拿，"扑"是跌扑，而两技结合，则招法更加别致，变化更加多样，防范更加不易。"手"，一是单指，意多用手，擒为根本，没有擒手，何谈擒扑；二是泛指，手即是招，克敌制胜，将其擒扑。

任何一门拳技，都有着自己独特的姿势与练法要求，这是该门传承人在训练与实战中养成的一种习惯，也有因受不同地域民风影响而形成的相应个性。武当太乙擒扑手也不例外，诸派有所不同，所以本章仅述其常见基本技术。

一、手形

太乙擒扑的手形，常见的有虎爪、八字掌、扣指掌、勾手。

（一）虎爪

五指第一、二指骨关节屈曲，形如"虎爪"，但不得屈贴掌心。（图1-1）

图1-1

（二）八字掌

五指微屈，拇指外展，其余四指自然靠近，虎口要圆，形如八字。（图1-2）

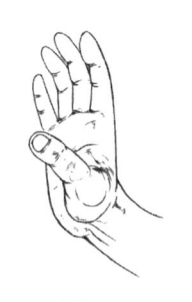

图1-2

（三）扣指掌

拇指屈扣，其余四指伸直并拢。（图1-3）

图1-3

（四）勾手

五指第一关节捏拢在一起，屈腕勾掌，其形如勾，也称"撮手"。（图1-4）

图1-4

二、手法

手法主要是指手形运动的变化方法。擒扑的手法有很多，而且劲法独特。

（一）单擒手

擒手是擒扑的"母手"，须多加练习。

【练法说明】

右擒手：右爪由腰间向上、向前、向左划一小弧，五指用力抓擒。（图1-5）

左擒手：左爪由腰间向上、向前、向右划一小弧，五指用力抓擒。（图1-6）

图1-5 　　　　　图1-6

（二）双擒手

【练法说明】

（1）两掌前后拉开。（图1-7）
（2）两掌同时扣指成爪，即双擒手。（图1-8）

图1-7

图1-8

【用法举例】

敌手攻来，我方两掌旋劲变爪，一手擒抓其掌指或手腕，另一手擒托其肘部。（图1-9）

图1-9

（三）单缠手

1. 顺缠手

【练法说明】

以腕关节为轴，手掌由里向上、向外、向下缠绕；同时，前臂外旋，虎口向上。（图1-10～图1-13）

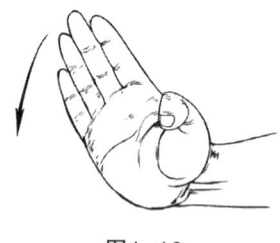

图1-10

图1-11

图1-12

图1-13

2. 反缠手

【练法说明】

手掌由里向下、向外、向上缠绕；同时，前臂内旋，掌心向下。（图1-14～图1-16）

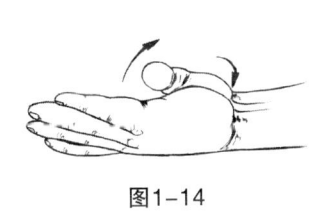

图1-14

图1-15

图1-16

（四）双缠手

【练法说明】

两掌腕部交叉成十字手，掌心向内。随即，双掌向外翻卷，掌心向外，双腕相贴。接着，右掌向右翻、左掌向里翻。最后，右掌变爪，左掌为八字掌，双手合劲。（图1-17～图1-20）

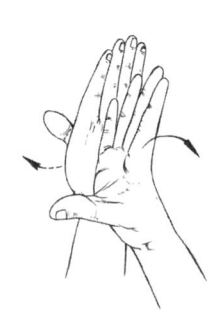

图1-17

图1-18

图1-19

图1-20

（五）按压掌

由上向下按掌，掌心向下，劲贯掌根。

按压掌是擒扑的重要手法，可按压敌方头部、脖颈、肘关节等多个部位，顺势发力连击。

【用法举例】

我方先用一手擒拿敌方来手，可配合旋拧，再用另一手掌按压其肘或上臂，控制敌势或伤敌关节。（图1-21）

图1-21

（六）拦切掌

拦切掌多攻击敌方头、颈等薄弱部位，也可劈击敌方四肢，致其关节受伤难动。

发力时，以掌由上向下劈切，或由下向斜上拦切，劲贯掌外沿。

【用法举例】

技击时为阻截敌劲，用掌拦切敌方来拳的前臂或者腕关节。（图1-22）

图1-22

（七）横削掌

削掌多横击，使用较方便。

发力时，使用仰掌或俯掌，由里向前或由外向前削击，劲贯掌外沿。

【用法举例】

敌方打来，先用一手擒拿敌方来手，随即用另一手掌外沿向前横劲砍击，伤敌咽喉或颈动脉。（图1-23）

图1-23

（八）上插掌

上插掌，主要攻击敌方上门要害，掌心向下或向上，指尖朝前，如插喉、插心窝、插眼等。

发力时，伸臂直腕，向前穿插，劲贯指尖。

【练法说明】

敌方打来，我方一手下拦，另一手上插敌方咽喉。（图1-24）

图1-24

（九）下插掌

下插掌，劲贯指尖，主要向下或向斜下发力。

【用法举例】

敌方俯身欲抱缠我方，我方即可运劲至掌指，向下插击敌方肩井穴或锁骨窝。（图1-25）

图1-25

（十）崩甩掌

崩甩掌，五指舒展，掌背发力，向前抖手，甩击而出。

此掌可以横掌出击，也可垂掌出击，主要攻击敌方面部、软肋和下阴等要害。

【用法举例】

我方一手抓擒，另一手即可乘机向前抖劲，崩掌甩击敌方耳门或颈动脉。（图1-26）

图1-26

（十一）兜夹肘

兜夹肘，主要向上用力，可伤敌肘关节，也可作为辅助招法，暂时控制其手臂。

【用法举例】
敌方右手攻来。我方让过，左臂顺势兜夹。（图1-27）

图1-27

（十二）盘压肘

盘压肘，主要向下用力，乘机擒制。

【用法举例】

敌方左手攻击我方头部。我方偏头让过，右臂顺势盘压其左臂，轻可封控，重可致伤。（图1-28）

图1-28

（十三）上架肘

上架肘在擒扑中，主要制敌肘关节；在打法中，多用于挡架敌臂。

【用法举例】

敌方右拳击来。我方左手抓拉敌方右腕，右肘随即上架，顶托敌方右肘，合力将其擒拿。（图1-29）

图1-29

（十四）翻翘肘

翻翘肘在擒扑中，主要配合抓拉，扭敌手臂，伤其肘关节。

【用法举例】

敌方右拳击来，我方左手先控制敌方右腕，随即进步贴身，右肘向上、向外翻臂翘起，旋劲盘别其右上臂，扭折其肘关节，致其疼痛并倾身前扑。（图1-30）

图1-30

（十五）肩扛法

扛肩多与双擒手合用，用于扛折其关节，或背摔敌方。

【用法举例】

两手擒敌手臂，转身肩扛，弓身发力，将其跌扑。（图1-31、图1-32）

图1-31　　　　　　　图1-32

三、步法

步法是武术非常重要的技法,关乎用招的优劣与实战的胜负,须多加练习。

太乙各种步法的变换,无论前进之时,还是后退之际,都应乘机顺势,虚实分明,轻灵稳健。

(一)上步

【练法说明】

后脚向前迈步,或一脚向前半步或一步后成一定步型。(图1-33、图1-34)

图1-33

图1-34

（二）进步

【练法说明】

两脚连续向前各迈一步。（图1-35～图1-37）

图1-35

图1-36

图1-37

（三）退步

【练法说明】

前脚后退一步。（图1-38、图1-39）

图1-38

图1-39

（四）摆步

【练法说明】

上步落地，脚尖外摆。（图1-40）

图1-40

（五）扣步

【练法说明】

上步落地，脚尖内扣。（图1-41）

图1-41

（六）插步

【练法说明】

一脚从另一脚后插过一步，两腿交叉。（图1-42）

图1-42

（七）跪步

【练法说明】

一腿屈膝下蹲；另一腿膝关节接近地面，脚前掌拄地，脚后跟离地。（图1-43）

图1-43

（八）碾步

【练法说明】

以脚后跟为轴，脚前掌外展或内扣。或以脚前掌为轴，脚后跟外扭或内转。（图1-44、图1-45）

图1-44 　　　　图1-45

（九）八卦步

八卦步，顺逆走转，步法轻捷，身法灵活。所谓"步走八卦，见机擒扑"。

【练法说明】

（1）左开门势站立。（图1-46）

图1-46

（2）两脚大致沿一个圆形边缘，里脚切，外脚扣，摩胫擦地，绕弧而行。（图1-47、图1-48）

图1-47

图1-48

四、腿法

擒扑中经常使用暗腿，暗腿低矮灵便，隐劲难测，所谓"沾衣去捉拿，绊腿加勾挂"，可致敌腿伤倒地，或失衡躺趴。

（一）低蹬腿

低蹬腿，正向发劲，脚尖勾起，力达脚后跟，短促杀伤。

【用法举例】
（1）敌方右腿蹬踢我方腹部。我方右拳向外拦格敌方右腿，先行化解。（图1-49）

图1-49

（2）动作不停，我方右手兜抱敌方右踝；同时，提起左腿，蹬踢敌方左膝关节，致其歪倒。（图1-50）

图1-50

（二）低跺腿

低跺腿，侧身发力，力量较大，震动性强，用好了可一腿将敌踢倒。

【用法举例】

（1）敌方右腿跺击我方胸部。我方避过敌腿锋芒之际，左臂抄抱敌方右腿，右手按扣敌方右脚。（图1-51）

图1-51

（2）动作不停，我方向右转身，右脚斜跺敌方左膝，将其踢倒。（图1-52）

图1-52

（三）拦绊腿

拦绊腿是擒跌常用暗腿，即用脚掌或脚后跟拦挡敌方脚后跟，或以小腿绊住敌方小腿，使之不能后退，然后顺势将其摔跌。

【用法举例】

（1）敌方左脚上步，左拳击打我方面部。我方左掌绕转上挑，格挡敌方左腕。（图1-53）

图1-53

（2）我方左手抓捋，右脚上步，扣住敌方左脚后跟；同时，右掌前穿，兜挎敌方左臂。（图1-54）

图1-54

（3）我方上身前靠，右掌崩甩敌方鼻子，致其后倒。（图1-55）

图1-55

（四）勾挂腿

勾挂腿，脚尖勾起，向前、向上发力，走边门，弧劲，主要踢击敌方小腿、膝关节、脚后跟，速度快，有力量，不易防。

【用法举例】

（1）敌方左脚上步，左拳击打我方面部。我方左掌上抬，格敌左臂。（图1-56）

图1-56

（2）动作不停，我方右脚顺势进攻，向前勾踢敌方左脚后跟，将其踢躺于地。（图1-57）

图1-57

（五）外别腿

外别腿，用脚后跟或小腿后侧向外发力，主要攻击敌方小腿，破坏其桩步稳定。

【用法举例】

（1）敌方左脚上步，左拳击打我方面部。我方闪过，左手拦抓敌方左腕，右臂按压敌方左肘；同时，右脚伸向敌方左腿内侧（悬起）。（图1-58）

图1-58

（2）动作不停，我方右腿别其左腿向后摆，同时右掌向前推压，将敌摔出。（图1-59）

图1-59

（六）盘绕腿

盘绕腿，贴身使用，屈膝提腿，多以小腿、脚背、膝弯等部用力缠劲，绞别敌方大腿、小腿或膝关节，致其难动，迫其歪斜，跌扑敌方。

【用法举例】

（1）敌方从前搂抱我方。我方提左脚，从敌方右小腿内侧绕过，盘勾敌方右膝。（图1-60）

图1-60

（2）动作不停，我方左脚用劲缠别；同时，两掌抖劲前推，致敌仰跌。（图1-61）

图1-61

（七）挤压腿

挤压腿，多向前用力，用膝挤压敌方小腿，致其伤折。

【用法举例】

（1）敌方右脚上步，右拳击打我方面部。我方向左偏身，右脚乘机进于敌方右脚外侧。（图1-62）

图1-62

（2）动作不停，我方右掌架拨敌方右臂；同时，右膝猛然向前挤压敌方右小腿，伤其右腿胫骨，致其后倒。（图1-63）

图1-63

（八）跪压腿

跪压腿，多侧身使用，主要在擒拿时用来控制敌方，与挤压腿类似。

【用法举例】

（1）我方左掌扣拿敌方右腕，右肘向上提挎；同时，左脚上步，后别敌方右腿。（图1-64）

图1-64

（2）动作不停，我方左腿屈膝内扣，跪压敌方小腿肚，将其压趴于地。（图1-65）

图1-65

（九）划磕腿

划磕腿，多用脚掌发力，主攻敌方小腿、膝盖、踝关节，向前划劲磕击，内含刮旋之力。

【用法举例】

（1）敌方右腿踹击我方腹部。我方向左闪步，右掌反划，格敌小腿。（图1-66）

图1-66

（2）动作不停，我方右掌上架敌方右腿；同时，右转发力，左脚磕击敌方左脚，致其倒地。（图1-67）

图1-67

（十）盘磕腿

盘磕腿，脚掌向前盘劲，主要磕击敌方脚踝，内含提挂之力。

【用法举例】

（1）敌方右腿踢我方胸部。我方左手上抄，用左臂挎住敌方右小腿，右掌按压敌方右膝，将其控制。（图1-68）

图1-68

（2）动作不停，我方右脚向前磕击敌方左踝，致其前扑倒地。（图1-69）

图1-69

第二章

太乙擒扑十八手

太乙擒扑十八手，乃精选招式，根在道家，技法独特；注重旋劲，上下合击；简单易学，实用高效。

太乙擒扑十八手，俗称"太乙沾衣十八跌"。有歌曰："太乙擒扑法，妙手有十八。沾衣去捉拿，绊腿加勾挂。歪斜又晃悠，不躺就下趴。"

"沾衣去捉拿"，是指出手先擒拿，不让敌跑掉，随即缠拧拉拽，连招变劲。

"绊腿加勾挂"，是指要配合下盘低腿，先绊住敌方腿脚，顺势里勾外挂，破坏敌方稳定。

"歪斜又晃悠，不躺就下趴"，是指乘机发力，手脚并用，上下齐到，致敌身形不正，桩步动荡，跌扑倒地，受伤难起。

一、太乙阴阳

【实战举例】

（1）敌方右脚上步，右拳击打我方面部。我方上身右旋，右手向前上划圆，以掌外沿拦格敌方右臂。（图2-1）

图2-1

（2）随即，我方右掌旋腕採压敌方右腕；同时，左掌按压敌方右臂。（图2-2）

图2-2

（3）我方右手顺势将拿敌方右手向后旋牵；同时，左肘转压敌方右肘，向右旋压，使敌上身向前倾扑。（图2-3）

图2-3

（4）敌方向后挣扎欲逃。我方左掌格住敌方右臂向左拦划。（图2-4）

图2-4

（5）同时，右掌向前旋按敌方胸部，致其后歪。动作不停，我方两掌猛然抖劲，沾身发力，按住敌方胸腹向左旋推，致其后倒。（图2-5）

图2-5

二、穿插抖转

【实战举例】

（1）敌方右脚上步，右拳击打我方面部。我方左掌向前上穿，用左臂向外拦格敌方右臂。（图2-6）

（2）随即，我方两脚前滑；同时，我方右手上划，格拦敌方右腕；左掌内旋反插，伤其右肋。（图2-7）

图2-6

图2-7

（3）接着，我方上体右转，右手牵住敌方右腕向右旋拉；同时，左手顺势反划，绕过敌方右臂，用腋部将其右臂夹紧。（图2-8）

图2-8

（4）动作不停，我方猛然右转，抖劲发力，致敌方向前扑栽。（图2-9）

图2-9

三、顺手牵腿

【实战举例】

（1）敌方右脚蹬击我方腹部。我方迅疾向右转身，左手向左下划，拦格敌方右踝。（图2-10）

（2）随即，我方左手贴着敌方右小腿向前下绕、向外穿起，用肘弯兜起敌方右踝。（图2-11）

图2-10

图2-11

（3）右掌迅速前伸，抓扣敌方右膝关节内侧；左肘收紧助力。（图2-12）

图2-12

（4）动作不停，我方两脚摆扣，向右旋身；同时，左手也顺势捋抓敌方右小腿，与右手一起拧压发力，致其前趴扑地。（图2-13）

图2-13

四、擒托连手

【实战举例】

（1）敌方上步进身，右拳击打我方肋部。我方疾起左手，向前拦劈敌方右臂。（图2-14）

图2-14

（2）随即，我方前伸右手，捕抓敌方右腕；同时，左掌向外旋腕绕进，托抓敌方上臂。（图2-15）

图2-15

（3）接着，我方向右转身，两手扣指拖劲，同时旋拧敌方右臂。（图2-16）

图2-16

（4）乘敌前倾之机，我方左掌迅疾向前崩出，掌背发力抖击，伤敌右肋要害。（图2-17）

图2-17

（5）不停，我方右脚向敌方右腿外侧上步；同时，右掌猛然推砸敌方胸部，向前震劲发力，左手扒拉敌肋助劲，将敌击躺在地。（图2-18）

图2-18

五、穿手绊马

【实战举例】

（1）敌方右脚上步，右拳击打我方面部。我方右掌上提，用右前臂拦格敌方右腕，阻截敌方拳击。（图2-19）

图2-19

（2）随即，我方右掌外旋，抓住敌方右腕向右旋牵；左掌推敌方右上臂外侧，向右旋推。（图2-20）

图2-20

（3）敌方急于挣脱，收臂回拉。我方左掌顺势按压敌方右臂；同时，向左回身，右掌猛烈推击或抓击敌方面部。（图2-21）

图2-21

（4）不停，我方左掌乘机向前下插击敌方右肋（章门穴），致其剧痛失力。（图2-22）

图2-22

（5）随即，我方右脚速进，绊于敌方左脚外侧；同时，右掌前穿，经敌方右颈侧向右下反拦。上下合力，致敌跌坐于地。（图2-23）

图2-23

六、拦压甩扑

【实战举例】

（1）敌方右脚上步，右拳击打我方面部。我方两腕交叉，以十字手向前托架敌方右臂，阻截敌方拳击。（图2-24）

图2-24

（2）随即，我方右掌旋腕扣抓敌方右腕，左掌握住自己右腕助力，左肘向右旋压敌方右肘关节。（图2-25）

图2-25

（3）动作不停，我方顺势向右转体，扣其腕、压其臂，将敌向右旋拉。（图2-26）

图2-26

（4）敌方力大，与我方相争，向后欲逃。我方不与敌方拼劲，迅速左转，两掌（右掌心压贴左掌背）向前戳击敌方心窝（鸠尾骨），致其剧痛难受。（图2-27）

图2-27

（5）不停，我方乘机近身，两掌向前上划，经敌方颈部右侧拦压敌方脑后，向右下甩劲，致其前栽扑地。（图2-28）

图2-28

七、倒背旋扑

【实战举例】

（1）敌方右脚上步，右拳击打我方胸部。我方吞身，左掌向下劈砸敌方右臂，阻截敌方拳击。（图2-29）

图2-29

第二章　太乙擒扑十八手

（2）随即，我方左脚前滑，右手前伸擒抓敌方右腕，左掌顺势从敌右臂外侧向下插击，伤其腹部或裆部。（图2-30）

图2-30

（3）接着，我方左掌上移，持按敌方右臂，顺势用肘弯兜挎敌方右肘。（图2-31）

图2-31

59

（4）不停，我方猛然向右转体，两手合力向右后旋拉，左肘上抬扛劲，即可扭伤其肘关节，致敌向左倾倒。（图2-32）

图2-32

（5）我方继续向右转身发力，将敌方摔翻在地。（图2-33）

图2-33

八、顺势拨云

【实战举例】

（1）敌方左腿上步，左拳击打我方面部。我方左掌迅疾向上挑起，用左前臂拦格敌方左臂，化解敌方拳劲。（图2-34）

（2）敌方随即蹬出右腿，踢向我方腹部。我方速出右掌划弧勾挂敌方右踝。（图2-35）

图2-34

图2-35

（3）随即，我方右肘顺势上提兜夹敌方右踝，左肘乘机向下砸压其右膝。（图2-36）

图2-36

（4）不停，我方左肘顺势伸臂反拦，抵住敌方右膝，向我方左后拨压；同时，右臂兜敌右小腿向左上掀，合力将敌摔躺在地。（图2-37）

图2-37

九、玄冥分水

【实战举例】

（1）敌方左脚上步，右拳击打我方面部。我方左手迅疾上提，用腕背向外格挡敌方右臂，阻截敌方拳击。（图2-38）

（2）接着，我方右脚上步，屈膝蹲身；左掌前伸封拦敌方左肘，右手下伸扒挤敌方左小腿。（图2-39）

图2-38

图2-39

（3）不停，我方左手陡然一拨敌方左臂，顺势后收；同时，右手乘机捞抱敌方左小腿上抬；右膝提起向前撞击敌方下腹，或向外撞击其左大腿。（图2-40）

图2-40

（4）我方右脚插向敌方右腿前，随即向左转身发劲，右肘夹紧敌方左腿向左旋带，致其翻倒，轰然跌出。（图2-41）

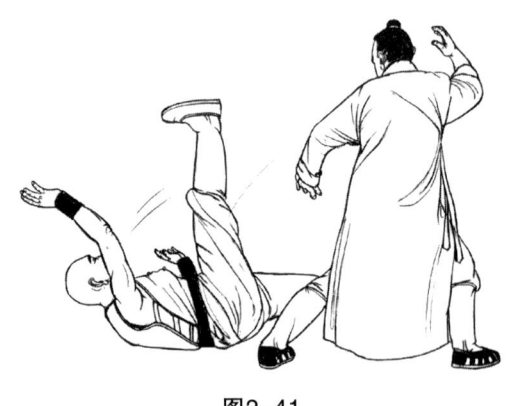

图2-41

十、盘手旋扑

【实战举例】

（1）敌方右脚上步，右拳击打我方腹部。我方迅疾吞身，左脚翘起；同时，左掌向前划弧拦格敌方右臂。（图2-42）

图2-42

（2）随即，我方左脚前落，身体下潜；同时，左掌乘机外旋，扣抓敌方右腕向左下旋拧；右掌砍击敌方右肋。（图2-43）

图2-43

（3）接着，我方右手从敌方右臂下侧穿过，用力向上挎提敌方右肘。（图2-44）

图2-44

（4）不停，我方两脚摆扣，向右转身，右掌按住敌方肩后向下砸压，致其前栽。（图2-45）

图2-45

（5）最后，我方右掌压住敌方肩后部，猛然向右旋劲，致其扑倒于地。（图2-46）

图2-46

十一、太乙担山

【实战举例】

（1）敌方右脚上步，左拳击打我方面部。我方左脚迅疾撤步，右掌向上拦格敌方左臂，阻截敌方拳击。（图2-47）

（2）随即，我方左脚进于敌方右脚内侧，右脚摆步，向右转身，背对敌方；同时，右手抓控敌方左手或手腕，左手扒按敌方左肘部，两手合力将其左肘扛在我方左肩上。（图2-48）

图2-47

图2-48

（3）接着，我方左手乘机抓按敌方左臂，与右手一起向下拉拽；同时，上体前俯，左胯后顶，左肩上扛，致其身体悬空。（图2-49）

图2-49

（4）不停，我方两手继续向下旋拉，猛然将敌翻转摔出。（图2-50）

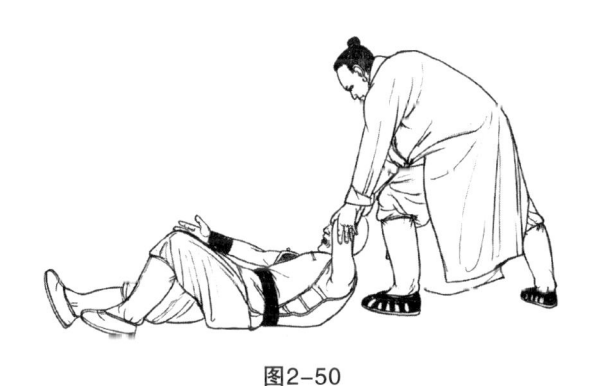

图2-50

十二、连蹬双推

【实战举例】

（1）敌方上步进身，左腿侧跺，踢击我方胸部。我方左脚迅疾向右盖步，偏身闪躲，避过敌腿锋芒。（图2-51）

图2-51

（2）敌方左脚前落，再出右拳击打我方面部。我方向右转身，右掌旋劲右划，拦截敌方右拳。（图2-52）

图2-52

（3）随即，我方右手抓擒敌方右拳，不让敌方逃脱；同时，速起左脚，蹬踢敌方裆部。（图2-53）

图2-53

（4）接着，我方左脚收落，两手助劲，右腿迅疾蹬出，再踢敌方裆部。（图2-54）

图2-54

（5）不停，我方右脚向前踏落，两掌顺势前扑，抖劲推按敌方胸部，将其击倒在地。（图2-55）

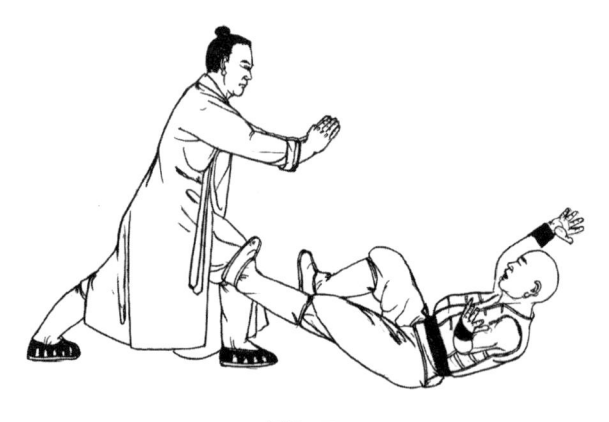

图2-55

十三、天旋地转

【实战举例】

（1）敌方右脚上步，右拳击打我方面部。我方左脚向左闪步，侧身避过敌拳锋芒。（图2-56）

图2-56

（2）随即，我方左脚上步，后绊敌方右腿；同时，左掌推敌右上臂后侧，右掌前伸环抱敌方脖颈。（图2-57）

图2-57

（3）不停，我方左脚向后划弧转步；同时，向左转身发力，将敌旋摔而出。（图2-58）

图2-58

十四、翻天覆地

【实战举例】

（1）敌方左脚上步，左拳击打我方面部。我方吞身后坐，右脚翘起；同时，右掌上挑，格敌左臂，阻截敌拳攻击。（图2-59）

（2）随即，我方右脚外摆落实，右手外旋擒抓敌方左腕，左手前托敌方左肘部；同时，左脚铲击敌方左腿前胫，致其腿伤难动。（图2-60）

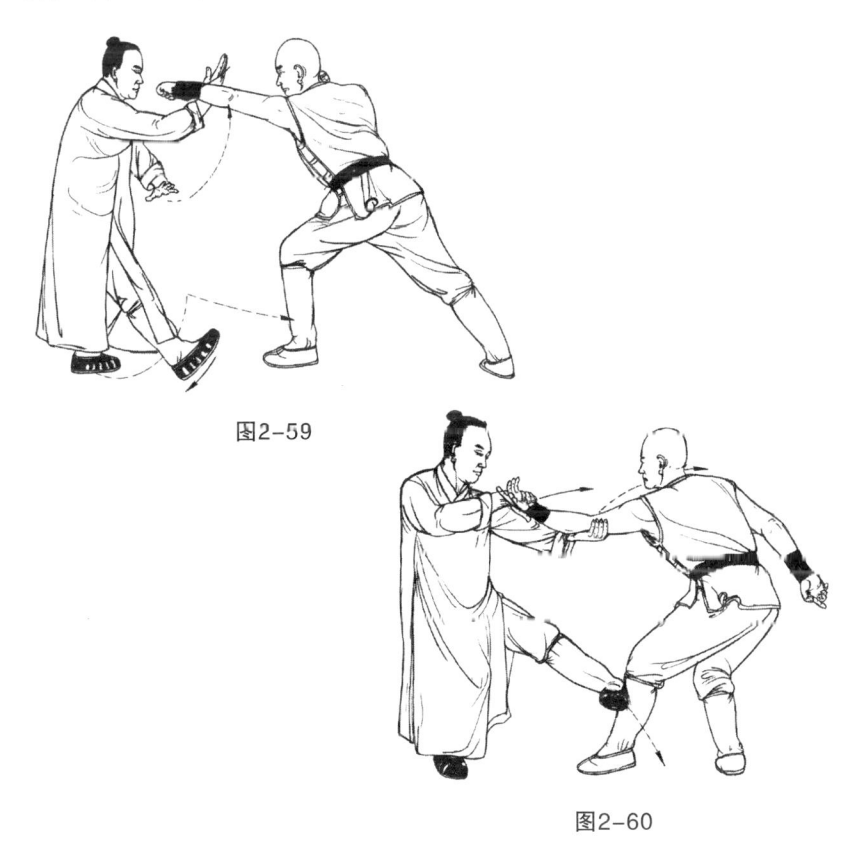

图2-59

图2-60

（3）接着，我方左脚向前落步，脚尖翘起，后挡敌方左腿；同时，右手旋拧敌方左腕前推，左手前伸按压其右肩部，左臂封拦其咽喉。（图2-61）

图2-61

（4）不停，我方左脚右扣落实，左腿后挺别劲；同时，向右转体，右手牵甩，左手扒推，左臂拦压，合力所到，敌即跌出，躺地难起。（图2-62）

图2-62

十五、掀转乾坤

【实战举例】

（1）敌方进步，右脚撩踢我方裆部。我方速撤，丁步沉身；同时，右手下划，勾挂敌右脚踝部，化解敌脚踢击。（图2-63）

（2）随即，我方右手用劲上提，转腕搂抓敌方右小腿；同时，右脚上步，左手穿过敌方右腿，以肘弯向前兜托，控其右腿。（图2-64）

图2-63

图2-64

（3）不停，我方左脚前冲一步；同时，两臂沾其右腿发劲，向前挤靠，向上猛掀，致其左腿难支，重心失衡，后倒远跌。（图2-65）

图2-65

十六、旋扭倒扫

【实战举例】

（1）敌方右脚上步，右拳击打我方面部。我方左脚撤步，吞身坐胯，避过敌拳锋芒之际，右手上挑格挡敌方右臂，化解敌方拳击。（图2-66）

图2-66

（2）随即，我方右脚外展，左脚上步；同时，右掌顺势扣抓敌方右腕，左掌前穿，左臂挑托敌方右肘部。（图2-67）

图2-67

（3）不停，我方右脚速进，向外猛力倒扫敌方右腿；同时，左臂夹紧敌方右臂，向左旋扭发劲，右手拧拉助势，伤敌右肘关节，致其翻跌躺倒。（图2-68）

图2-68

十七、扒拉勾挂

【实战举例】

（1）敌方左脚上步，左拳击打我方面部。我方向后吞身，虚步后坐之际，左手上挑，拦格敌方左臂。（图2-69）

图2-69

（2）随即，我方左手擒抓敌方左腕，左脚落步前弓；同时，右手前穿，右肘上担敌方左肘，伤其关节，将其擒制。（图2-70）

图2-70

（3）不停，我方右脚向前扫踢，猛力勾挂敌方左脚踝；同时，右手反划扒拉，致其失衡后跌，躺地难起。（图2-71）

图2-71

十八、擒扑搬拦

【实战举例】

（1）敌方向前移步，猛出右腿，踩击我方头部。我方向后滑步，迅疾仰身，避过来腿。（图2-72）

（2）我方趁敌收腿未及，左脚落步前弓，向前探身，两手抱夹敌方右腿，右肘顺势兜挎。（图2-73）

图2-72

图2-73

（3）接着，我方右脚上步，右肘上提敌方右腿，左肘前挤其喉，迫其后歪。（图2-74）

图2-74

（4）不停，我方左手突然变招，向左拦扒敌方左颈，右肘夹紧其腿旋扭，将其摔翻滚出。（图2-75）

图2-75

第三章

太乙擒扑四十七手

本章实战招法来自"太乙五行拳",此拳是一套非常优秀的武当内家拳路,据传源起于道教龙门派第八代宗师张守性,后由武当山道总涂本善传向山外,从此在民间传播开来。

有谱载曰:"太乙手,善擒扑,分阴阳,定五行,踩八卦,穿九宫。有龙盘之屈曲,凤舞之抖展,有虎蹲之深沉,猿跃之冷然,以之锻炼腰马,灵活拳脚,乃为最佳。其起承转合,首尾相衔,进退顾盼,变化多端,乃内家拳中之机敏者也。"

笔者根据自练体悟，试行拆招，举出战例，献于同道。鉴于本书篇幅，套路练法不再详述，读者请自行查阅相关资料。

擒扑四十七手，技法完整全面，基本囊括了擒扑实战精华，可谓太乙门的惯用绝招。运用时，要反应灵敏，眼疾手快；辨位准确，冷动突然；乘势借力，柔化刚发；一气呵成，整重连环；抓筋拿骨，近摔远跌。

一、混元一气

【实战举例】

（1）敌方右脚上步，右拳击打我方面部。我方两掌向右上划，拦截敌方右前臂外侧。（图3-1）

图3-1

（2）随即，我方右手扣抓敌方右掌或右腕，左掌按压其右肘或前臂，向右旋身转胯，将敌方右臂向我方右下侧捋去。（图3-2）

图3-2

（3）接着，我方向左转身，两手顺势贴住敌方右臂向前下推压，猛然抖劲，震落敌方右臂。（图3-3）

图3-3

（4）我方两掌迅疾转腕，掌心向上，指尖向前，一齐戳击敌方咽喉。（图3-4）

图3-4

（5）不停，我方右脚上步，左掌乘机前伸，从敌方颈部左侧绕过，扒按其后脑猛然向我方左后旋拦甩出，右掌推挤敌方胸部或腹部，合力将敌摔躺在地。（图3-5）

图3-5

二、旋转乾坤

【实战举例】

（1）敌方右脚上步，右拳击打我方腹部。我方沉身坐马，两掌一齐阻截敌方拳击，右掌下按敌方右手，左掌拦压敌方右前臂。（图3-6）

图3-6

（2）随即，我方右手扣抓敌方右腕向右牵拉；左掌乘机向前插戳敌方咽喉（掌心朝下，指尖朝前）。（图3-7）

图3-7

（3）接着，我方两脚向前滑步，左腿后绊敌方右腿；同时，左掌顺势上滚拦压敌方咽喉，左肘挤靠敌方右胸，致其头身后仰。（图3-8）

图3-8

（4）不停，我方左掌翻压敌方头部，向左后旋转发劲，右掌推敌胸部助力，将其跌出。（图3-9）

图3-9

三、白猿出洞

【实战举例】

（1）敌方进步，右脚撩踢我方裆部。我方迅疾吞身坐步，右掌下按敌方右脚，左掌下劈敌方右小腿。（图3-10）

图3-10

（2）敌方右脚向前落步，右拳击打我方面部。我方左腿迅疾屈膝提起，两腕交叉成十字手，随起身由下向上托举敌方右腕或前臂。（图3-11）

图3-11

（3）随即，我方左脚伸膝前弹敌方裆部，顺势向前落步，两掌贴着敌方右臂前推，抖劲震击。（图3-12）

图3-12

（4）接着，我方左脚滑步，两掌外旋，向前戳击敌方咽喉，致其窒息。（图3-13）

图3-13

（5）不停，我方右脚上步于敌方裆下，右肘横击敌方左颈或左耳，将其击倒在地。（图3-14）

图3-14

四、双峰拜日

【实战举例】

（一）

（1）敌方右脚上步，右拳击打我方面部。我方左脚向后撤步，避开敌拳锋芒之际，左掌向右用掌外沿挂击敌方右臂外侧。（图3-15）

图3-15

（2）随即，我方右手上起，与左手一起向下拦压敌方右臂，顺势捋抓其右腕，猛力后拖。（图3-16）

图3-16

（3）敌方挣臂欲逃。我方右脚顺势滑进，两手放开敌方手腕，速以右虎爪捅击敌方心窝。（图3-17）

图3-17

（4）不停，我方两脚前滑；同时，两手同时使虎爪猛然向前下扑推敌方腹部，致其跌出。（图3-18）

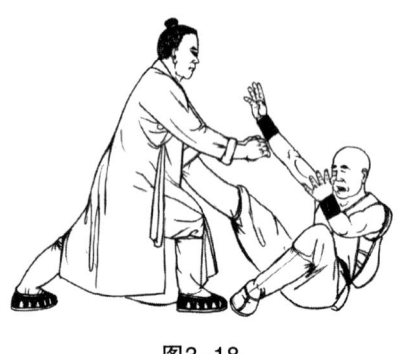

图3-18

（二）

（1）敌方右脚上步，两拳同时冲击我方头部，或者抓击我方双肩。我方立即相抗，双臂从敌方两臂中间向外拦挡，乘机扣抓敌方两肩；同时，左脚向里扣绊敌方右脚后跟。（图3-19）

图3-19

（2）随即，我方两手顺势外翻正缠，封住敌方两肘关节。（图3-20）

图3-20

（3）不停，我方猛然向右旋劲发力，将敌甩扑在地。（图3-21）

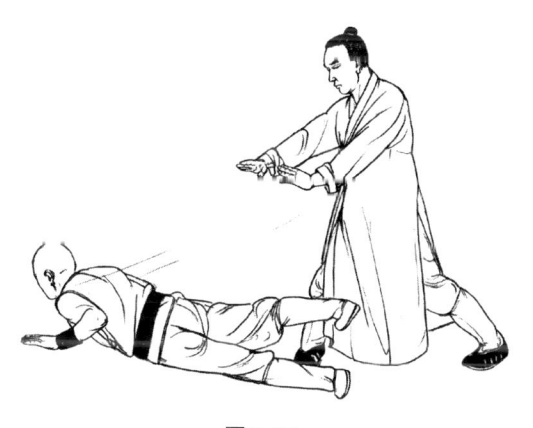

图3-21

五、勒马悬崖

【实战举例】

(1) 敌方右脚上步,右拳崩打我方胸部。我方退步闪让,右掌上拦敌方右腕外侧,化去敌拳力道。(图3-22)

图3-22

(2) 随即,我方右掌旋指扣抓敌方右臂。(图3-23)

图3-23

（3）接着，我方左手前抓，与右手一起擒拿敌方右臂；同时，左脚向前蹬踢敌方裆部。（图3-24）

图3-24

（4）不停，我方左脚顺势向前落步，绊挡敌方右腿；同时，身向右转，两手牵拉其臂，猛然向右发劲，将敌摔扑而出。（图3-25）

图3-25

六、海底顶云

【实战举例】

（1）敌方右脚上步，右拳击打我方面部。我方迅疾撤步，两掌由两侧向里划弧，夹按敌方右腕。（图3-26）

图3-26

（2）随即，我方两手将敌方右臂向下按落；同时，左脚上步，扣绊敌方右脚。（图3-27）

图3-27

（3）不停，我方两掌旋腕转指，向前抖劲，插击敌方右肋。（图3-28）

图3-28

（4）接着，我方左掌猛然向上甩击敌方咽喉或嘴巴，右手顺势压按或回拉其右腕。（图3-29）

图3-29

（5）最后，我方左脚前滑，左手拦贴其脖颈，沾身发劲，致敌后倒。（图3-30）

图3-30

七、蛟龙冥蒙

【实战举例】

（1）敌方左脚进步，左拳击打我方面部。我方左手上划，拦抓敌方左臂。（图3-31）

（2）随即，我方左手后捋旋拧，反扭敌方左腕。敌方抽臂欲逃。（图3-32）

图3-31

图3-32

（3）接着，我方右手前伸，协助左手锁扣敌方左腕，不让其脱；同时，猛起右脚，跺踢敌方左膝。（图3-33）

图3-33

（4）不停，我方右脚落步，绊住敌方左腿；同时，右掌从敌右臂下穿出，反拦其前胸或咽喉，向外发劲，将敌跌出。（图3-34）

图3-34

八、雷劈山洪

【实战举例】

（1）敌方右脚上步，右拳击打我方面部。我方右手上翻，拦截敌方右腕。（图3-35）

图3-35

（2）我方右手顺其冲力引化来拳，搌敌右手下拉；左手上起，锁扣敌方右肘（或上臂）助劲，致其前倾。（图3-36）

图3-36

（3）不停，我方左手迅疾外旋，从敌右臂之下转上，以掌外沿劈击敌方右肘，致其关节剧痛，失力被擒。（图3-37）

图3-37

九、犀牛望月

【实战举例】

（1）敌方上步进身，左脚蹬踢我方胸部。我方迅疾撤步，避过敌脚锋芒之际，左手乘机抄接敌方左脚后跟。（图3-38）

图3-38

（2）随即，我方左手前滑，兜其左小腿上抄，右手顺势也抓扣敌方左小腿；同时，两脚滑步，用左脚绊住敌方右脚。（图3-39）

图3-39

（3）不停，我方左脚猛然向上勾挂敌方右腿，两手提推敌方左腿，将敌摔跌而出。（图3-40）

图3-40

十、转身托天

【实战举例】

（1）敌方左脚上步，左拳击打我方面部。我方撤步吞身，速起右掌拦格敌方左腕，阻截敌拳攻击。（图3-41）

（2）随即，我方右手旋腕扣抓敌方左手，左手托抓敌方左肘。（图3-42）

图3-41

图3-42

（3）接着，我方左脚上步，后绊敌方左腿；同时，左手成八字掌叉推敌方咽喉。（图3-43）

图3-43

（4）不停，我方猛然向右转体，右拽左推，将敌擒拿，致其跌翻。（图3-44）

图3-44

十一、青狮抱球

【实战举例】

（1）敌方右脚上步，右拳击打我方面部。我方迅疾向右旋身，右掌上划，拦格敌方右腕。（图3-45）

（2）随即，我方左脚绕步，右掌旋腕扣抓敌方右腕或右拳，左掌内裹敌方右肘外侧，向我方右侧牵引拖去。（图3-46）

图3-45

图3-46

（3）敌方右臂向后挣劲，与我方僵持。我方左手顺势前穿，反掌拦肘缠抱敌方头颈，将其擒拿。（图3-47）

图3-47

（4）不停，我方向左旋体，两手猛然向左后甩劲，将敌摔躺在地。（图3-48）

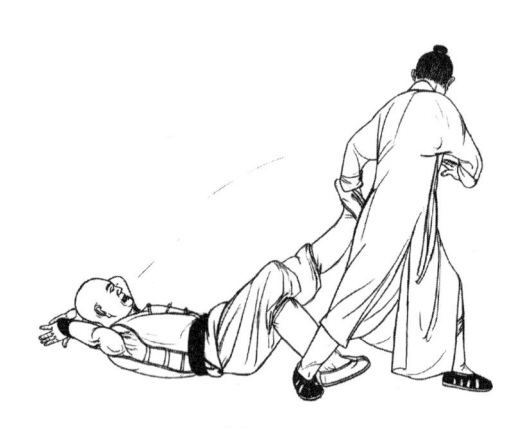

图3-48

十二、闪耀金庭

【实战举例】

（1）敌方右脚上步，右拳击打我方面部。我方右掌上划，迅疾拦格敌方右腕。（图3-49）

（2）随即，我方左手上划，抓住敌方右腕，随左脚撤步而向左牵拉；同时，右脚上步，出右掌拦切敌方右臂内侧，向左旋推。（图3-50）

图3-49

图3-50

（3）不停，我方顺势提起左腿，向后撩踢敌方裆部，致其重伤。（图3-51）

图3-51

（4）不停，我方左脚落步，继续向左转身；同时，左掌向后反拦敌方头部或肋部，将其旋跌而出。（图3-52）

图3-52

十三、豹子含枚

【实战举例】

（1）敌方右脚上步，右拳击打我方面部。我方左掌迅疾拍格敌方右腕。（图3-53）

图3-53

（2）随即，我方左掌乘机后捋其腕，迅疾扣抓敌方右拳，将其按压在我方右肩。（图3-54）

图3-54

（3）不停，我方右肘向上提起，穿过敌方右臂，猛劲向外顶靠，可扭伤其右腕，致其疼痛前扑。（图3-55）

图3-55

十四、仰颈惊林

【实战举例】

（1）敌方进身，右脚弹踢我方腹部。我方吞身，左掌迅疾拦压敌方右腿。（图3-56）

（2）随即，我方右脚上步，右掌向前上穿，戳击敌方咽喉。（图3-57）

图3-56

图3-57

（3）敌方仰面闪避。我方右掌疾变虎爪，向前下捅击敌方左肋。（图3-58）

图3-58

（4）敌方吞身闪避。我方左脚快速上步，绊住敌方右腿；同时，左拳向前上穿，左臂外拦敌方胸部，沾身抖劲，将敌跌出。（图3-59）

图3-59

十五、大鹏展翅

【实战举例】

（1）敌方进身，右腿铲击我方左小腿。我方左腿迅疾屈膝提起，避过敌脚。（图3-60）

图3-60

（2）敌方右脚顺势落步，右拳跟进击打我方腹部。我方左掌向下外划，拦截敌方右腕；同时，左脚落步，右脚退步，稳住身形。（图3-61）

图3-61

（3）随即，我方左掌旋腕扣指，抓缠敌方右腕。（图3-62）

图3-62

（4）接着，我方右脚乘机向前跺踢敌方右膝，致其右膝关节受损。（图3-63）

图3-63

（5）不停，我方右脚向前落步，左手拧转敌腕向前上推；同时，右手经敌方右臂下侧向其肩外穿出，右臂外别敌方右肘，致其俯首就擒。（图3-64）

图3-64

十六、群兽震惊

【实战举例】

（1）敌方左脚上步，左拳击打我方面部。我方迅疾吞身，急起右掌向左裹臂旋劲，拦格敌方左臂，化解敌方拳击。（图3-65）

图3-65

（2）随即，我方右掌下落，左掌顺势向前上穿，拦挤敌方左臂；同时，右脚向前扣步，绊住敌方左腿。（图3-66）

图3-66

（3）接着，我方右掌变虎爪，捅击敌方左肋，致其受创。（图3-67）

图3-67

（4）不停，我方右脚前滑，绊住敌方左腿；同时，我方右手从敌方左腋上穿，掌背拦贴敌方咽喉或面部。（图3-68）

图3-68

（5）我方右掌抡转，按住敌方面部向右后侧反拦甩劲，将其摔跌而出。（图3-69）

图3-69

十七、花鹿采芝

【实战举例】

（1）敌方右脚上步，右拳击打我方面部。我方退步后让，右掌上挑，拦格敌方右腕外侧。（图3-70）

图3-70

（2）随即，我方右掌外旋，扣抓敌方右腕向外缠拧。（图3-71）

图3-71

（3）不停，我方左手从敌方右上臂内侧提肘上挑；同时，左脚向前抄踢敌方右小腿后侧，内收上提，将其跌翻在地。（图3-72）

图3-72

十八、俯饮清泉

【实战举例】

（1）敌方进步，左拳击打我方面部。我方迅疾吞身，左手拦截敌方左臂外侧。（图3-73）

图3-73

（2）随即，我方左手顺势抓拿敌方左腕，右手扣压其上臂；同时，右脚向前绊扣敌方左脚，将其擒拿。（图3-74）

图3-74

（3）不停，我方右手乘机后滑扣抓敌方左腕；同时，右脚收步，向右旋身，左腿屈膝上提，贴住敌方左臂下压，折其左肘关节。（图3-75）

图3-75

十九、黄蟒吐津

【实战举例】

（1）敌方右脚上步，右拳击打我方面部。我方左脚迅疾收步；同时，左掌向外上划，拦格敌方右臂，阻截敌方拳击。（图3-76）

（2）随即，我方左掌旋抓敌方右腕；同时，提起左脚，脚跟发力，跺击敌方右膝。（图3-77）

图3-76

图3-77

（3）接着，我方左脚落步，左手下捋后收；同时，右掌戳击敌方心窝。（图3-78）

图3-78

（4）不停，我方左脚上步，绊住敌方右腿外侧；同时，右掌顺势发劲，旋推敌方胸部，向左震劲，致其仰跌。（图3-79）

图3-79

二十、戏引蝼群

【实战举例】

（1）敌方向前移步，右腿扫踢我方左肋。我方迅疾吞身，左手向下拦截敌方右小腿，化解敌方踢击。（图3-80）

（2）随即，我方左手顺势向外翻缠其腿，右掌向前戳击敌方右腿血海穴。（图3-81）

图3-80

图3-81

（3）接着，我方右脚踢起，跺击敌方左膝。（图3-82）

图3-82

（4）不停，我方右脚落步，后绊敌方左腿；同时，右掌乘机向前猛推敌方下颌，致其跌扑而出。（图3-83）

图3-83

二十一、鲤鱼打挺

【实战举例】

（1）敌方右脚上步，右拳击打我方面部。我方迅疾撤步，右掌转腕前穿，拦格敌方右臂。（图3-84）

（2）随即，我方右手乘机旋腕扣抓敌方右手，顺势向右牵拉；同时，左手右划按住敌方右前臂，左肘贴压敌方右肘，欲折其臂。敌方力大，挣臂相抗。（图3-85）

图3-84

图3-85

（3）我方左手迅疾伸臂反推，掌根发劲，捺击敌方鼻子。（图3-86）

图3-86

（4）不停，我方左脚上步，后绊敌方右腿；同时，左掌按住敌方鼻子，向我方左后扒甩，将其跌扑而出。（图3-87）

图3-87

二十二、波浪滔天

【实战举例】

（1）敌方右脚上步，右拳击打我方面部。我方左手上提，迅疾拦格敌方右臂。（图3-88）

（2）随即，我方左脚前滑；同时，左手外切，顺缠敌方右臂。（图3-89）

图3-88

图3-89

（3）接着，右掌急速直戳敌方咽喉。（图3-90）

图3-90

（4）不停，我方右脚上步，后绊敌方右腿；同时，向左旋身，右臂屈肘向前猛劲横拐敌方左颈或左耳，左肘夹挧助劲，将敌击倒。（图3-91）

图3-91

二十三、雄鹰探山

【实战举例】

（1）敌方右脚上步，右拳击打我方面部。我方迅疾吞身，左掌上挑，拦格敌方右臂。（图3-92）

（2）随即，我方左手旋腕扣抓敌方右腕，向左牵带；同时，右脚上步，从敌方右脚内侧绊住敌方，右掌斜削敌方右颈。（图3-93）

图3-92

图3-93

（3）接着，我方右掌顺势转腕，掌背向前抖劲甩击，伤其咽喉。（图3-94）

图3-94

（4）不停，我方左脚前滑，右掌顺其颈部右侧环绕缠臂，紧紧夹锁敌方脖颈，将其牢牢控制。（图3-95）

图3-95

二十四、双擒群鸡

【实战举例】

（1）两敌左右夹攻，左侧之敌先用右摆拳，攻击我方头部。我方向左转身，急出左掌，拦敌右臂。（图3-96）

图3-96

（2）右侧之敌又用左直拳打来。我方右脚外滑，右肘向里拦截敌方左臂，顺势缠劲下压，将其前臂担于我方右肩。（图3-97）

图3-97

（3）不停，我方左臂贴住左敌之右肘外绕内缠，将敌臂控制。（图3-98）

图3-98

（4）我方两臂发劲，左手提托，右手沉插，夹缠结合，擒拿两敌。（图3-99）

图3-99

二十五、仙鹤腾空

【实战举例】

（1）敌方右脚上步，右拳击打我方面部。我方退步吞身，右掌迅疾内裹，拦格敌方右臂，化解敌劲。（图3-100）

图3-100

（2）随即，我方右脚滑步，右掌旋转，与左掌一起向前推击敌方胸部。（图3-101）

图3-101

（3）不停，我方两掌外旋，向上穿出，挑击敌方咽喉，致其重创而倒。（图3-102）

图3-102

二十六、飞舞风云

【实战举例】

（1）敌方右脚进步，右拳击打我方面部。我方侧身，两手成十字手上架敌方右臂，阻截敌方拳击。（图3-103）

图3-103

（2）随即，我方旋转两掌，抓扣敌方右臂；同时，右脚后插敌方裆下，左肩顺势贴扛敌方上臂。（图3-104）

图3-104

（3）不停，我方向右转身，两手猛拽敌方右臂向我方右下旋劲，将敌摔扑而出。（图3-105）

图3-105

二十七、金猴窃丹

【实战举例】

（1）敌方右脚进步，右拳击打我方面部。我方撤步吞身之际，右掌上挑敌方右腕，阻截敌方拳击。（图3-106）

图3-106

（2）随即，我方右掌旋腕扣抓敌方右腕；同时，右腿弓步，左掌向前穿击敌方胸部或心窝。（图3-107）

图3-107

（3）不停，我方左脚上步，里拦敌方右腿；同时，左掌顺势向前抖劲发力，砍其胸部，将其震倒。（图3-108）

图3-108

二十八、炉火皆平

【实战举例】

（1）敌方右脚进步，右拳击打我方面部。我方迅疾吞身，左掌上托，左臂外格，拦截其招。（图3-109）

（2）随即，我方左掌顺势抓捋敌方右腕；同时，左腿弓步，右掌上托敌方右上臂。上托下捋，交错用劲，将其擒拿，伤其肘关节。（图3-110）

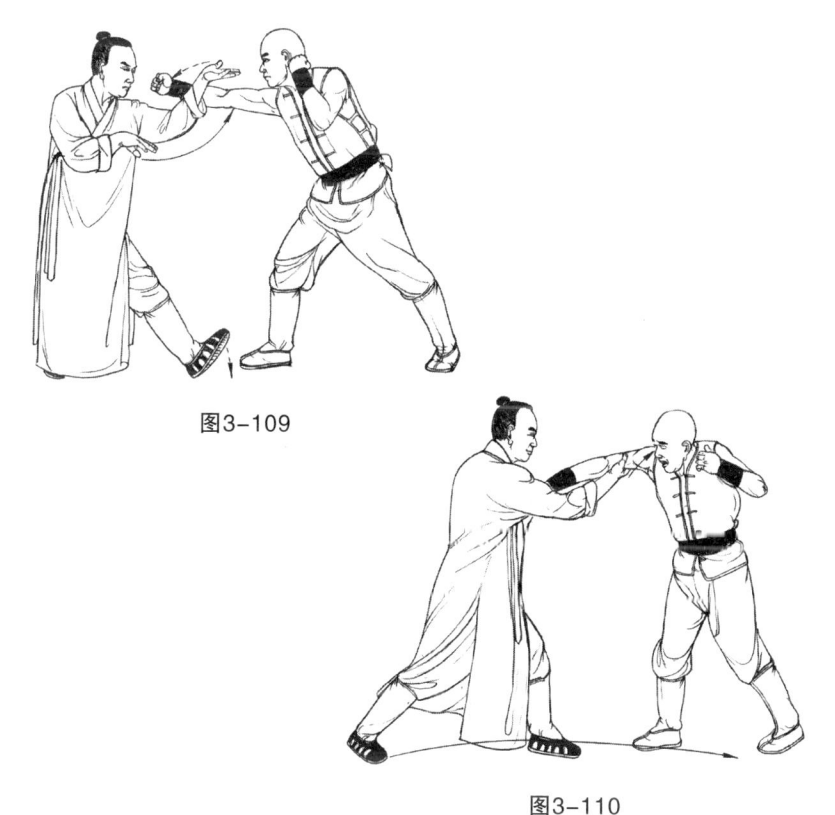

图3-109

图3-110

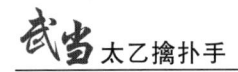

（3）接着，我方右脚进步，右掌乘机寸劲前甩，掌背发力，伤其右腮或鼻子。（图3-111）

图3-111

（4）不停，我方左脚再进，后绊敌方右腿；同时，向右转身，右掌从敌右腋下绕过按压其肩后，左手助劲，致其扑地，将其擒拿。（图3-112）

图3-112

二十九、青娥探月

【实战举例】

（1）敌方右脚进步，右拳击打我方面部。我方迅疾吞身，左掌上挑，拦格敌方右臂。（图3-113）

（2）随即，我方左掌顺势扣抓敌方右拳，发力缠转，使其拳心向上。（图3-114）

图3-113

图3-114

（3）接着，我方右手压抓敌方右拳，左手前滑托其右肘；同时，右脚猛力踩踢敌方右膝，伤其关节，致其难动。（图3-115）

图3-115

（4）不停，我方右脚后收落地；同时，右手抓敌右腕外拧下拽，左掌猛力向上抖托其右肘，冷然发劲，伤其肘关节，将其擒拿。（图3-116）

图3-116

三十、波平浪静

【实战举例】

（1）敌方右脚进步，左拳击打我方面部。我方于撤步吞身之际，两掌急速内合，于胸前夹抱敌方左腕，阻截敌方拳击。（图3-117）

图3-117

（2）随即，我方左掌扒开敌方左拳，右腿弓步，右手虎爪乘机向前捅击敌方左肋，致其内伤。（图3-118）

图3-118

（3）不停，我方左脚上步，后绊敌方右腿；同时，左掌猛劲推击敌方胸部，右掌抖劲配合，将敌击倒在地。（图3-119）

图3-119

三十一、黑熊反掌

【实战举例】

（1）敌方左脚进步，左拳击打我方面部。我方向后吞身，右手抬臂，拦格敌方左腕。（图3-120）

图3-120

（2）随即，我方右脚稍向前滑，右手外切正缠，右肘里夹外别。（图3-121）

图3-121

（3）不停，我方左脚上步，后绊敌方左腿；同时，向右旋身，左手从其面前穿绕而过，扒按敌方右肩，左臂下压助劲，将其放倒在地。（图3-122）

图3-122

三十二、威震森林

【实战举例】

（1）敌方右脚进步，右拳击打我方面部。我方退步吞身，两手向前夹按敌方右腕，使敌方拳击迟滞。（图3-123）

（2）随即，我方左脚上步、左腿弓步，同时两手前扑，抓按敌方两锁骨。（图3-124）

图3-123

图3-124

（3）接着，我方两掌突然外旋，用掌根向里夹击敌方两耳根或脖颈。（图3-125）

图3-125

（4）不停，我方两掌托住敌方下颌，抖劲发力，猛推前送，将其摔伤，使其躺地难起。（图3-126）

图3-126

三十三、金蟾得度

【实战举例】

（1）敌方右脚进步，右拳击打我方面部。我方迅疾吞身，左掌内裹，拦格敌方右臂。（图3-127）

（2）敌方左拳紧随，再度击打我方面部。我方右掌上提，拦格敌方左臂。（图3-128）

图3-127

图3-128

（3）随即，我方两掌顺势前伸，里合夹击，合拍敌方两耳。（图3-129）

图3-129

（4）不停，我方两掌乘机扣抱敌方后脑，猛然向右旋身甩劲，将其摔躺在地。（图3-130）

图3-130

三十四、醉卧瑶池

【实战举例】

（1）敌方右脚进步，右拳击打我方面部。我方坐步，上挑右掌，用右腕外格敌方右臂。（图3-131）

（2）随即，我方两掌一齐扑抓敌方右臂，向右转体，猛然发力拽拧；同时，两腿屈膝下蹲，歇步配合，将敌旋摔跌出。（图3-132）

图3-131

图3-132

三十五、喜鹊登枝

【实战举例】

（1）敌方右脚进步，右拳击打我方面部。我方退步侧身，左掌拦托敌方右臂，阻截敌方拳击。（图3-133）

图3-133

（2）随即，我方两手一齐抓拿敌方右手，向下拉拽；同时，提起左脚铲击敌方腹部或裆部，重创敌方。（图3-134）

图3-134

（3）不停，我方左脚顺势落步；同时，两手拽住敌方右手猛然向右旋劲，将敌跌扑而出。（图3-135）

图3-135

三十六、寒立梅荫

【实战举例】

（1）敌方前移，用右脚踢击我方裆部。我方左脚迅疾向右盖步屈蹲；同时，左手勾挂敌方右踝，拦开敌方攻击。（图3-136）

图3-136

（2）随即，我方向左急转，左脚上步，左腿弓步，右虎爪捅击敌方左腹股沟，致其下肢麻木欲倒。（图3-137）

图3-137

（3）不停，我方两脚顺势前滑；同时，两手成掌，一齐猛劲向前下推按敌方腹部，将其扑跌而出。（图3-138）

图3-138

三十七、苍龙入海

【实战举例】

（1）敌方进步，左腿跺击我方胸部。我方左脚盖步；同时，两手成抱球状，接住敌方左腿。（图3-139）

图3-139

（2）随即，我方两脚摆扣，向右转身；同时，左肘夹抱敌方左脚，右掌顺势抖劲甩击敌方裆部。（图3-140）

图3-140

（3）不停，我方继续右旋，左肘夹紧其左脚扭转，右手抓按其左腿拖拽助劲，敌方单腿难支，轰然躺倒。（图3-141）

图3-141

三十八、意守心宁

【实战举例】

（1）敌方右脚进步，右拳击打我方面部。我方退步吞身，两手向前抱抓敌方右腕及前臂，不让其逃。（图3-142）

（2）随即，我方两手顺势向下拉拽；同时，速起左脚踩击敌方右膝，伤其关节。（图3-143）

图3-142

图3-143

（3）接着，我方左脚乘机向前落步，绊住敌方右脚；同时，两手松开敌方右手，速成虎爪向前捅出，击其右肋。敌方急忙吞身闪躲。（图3-144）

图3-144

（4）不停，我方左脚前移，别其右腿；同时，两前臂一齐向前、向左拦格敌方胸部及腹部，致其侧翻倒地。（图3-145）

图3-145

三十九、野马抖鬃

【实战举例】

（1）敌方右脚进步，右拳击打我方面部。我方向后坐身，左掌内裹，格击敌方右臂。（图3-146）

图3-146

第三章　太乙擒扑四十七手

（2）随即，我方左脚前移，右手顺势抓控敌方右拳，按压于我方左肩；同时，左掌向前下穿，用左肘弯盖住敌方右肘。（图3-147）

图3-147

（3）不停，我方左掌继续下插，左肘猛劲挺压，扭曲敌方右臂。（图3-148）

图3-148

169

四十、烈性飞腾

【实战举例】

（1）敌方进步，左腿扫踢我方右肋。我方迅疾后退，弓步沉身，右虎爪下插，向外拦截敌方小腿。（图3-149）

图3-149

（2）随即，我方左脚上步；同时，右虎爪前翻，捅击敌方左肋或下腹，抖劲发力，致其受创。（图3-150）

图3-150

（3）不停，我方右脚上步，后绊敌方右腿；同时，右臂向前穿划，对准敌方胸部，向外下拦弹劲，致其躺倒难起。（图3-151）

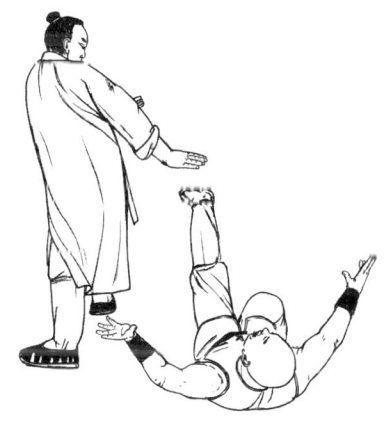

图3-151

四十一、神猿入洞

【实战举例】

（1）敌方右脚进步，右拳击打我方腹部。我方向后撤步；同时，左掌向前下插，用左前臂外格敌方右臂，将敌拳力化解。（图3-152）

（2）随即，我方左脚稍向前滑，左臂向外划劲，向上兜起敌方右臂；同时，右掌顺势将其右拳按控在我方左肩部。（图3-153）

图3-152

图3-153

（3）接着，我方左手压住敌方右臂内滑；同时，右手变虎爪向前捅击敌方右腋，致其剧痛。（图3-154）

图3-154

（4）不停，我方左脚进步，后绊敌方右腿；同时，右掌绕过敌右腋下，向上提肘，与左手下按交错使劲，致其右臂反扭，被我方擒制。（图3-155）

图3-155

四十二、性归心田

【实战举例】

（1）敌方右脚进步，右拳横扫我方头部。我方急退，沉身下避，躲过敌拳；两手后收，封门闭户，蓄势待发。（图3-156）

（2）随即，我方速上左步，左腿前弓；同时，两掌齐发，前插敌方两肋或心窝。（图3-157）

图3-156

图3-157

（3）接着，我方身稍前趋，左掌突变虎爪，寸劲崩发，再度抖击敌方心口。（图3-158）

图3-158

（4）不停，我方右脚上步，后绊敌方左腿；同时，右掌上拦敌方右颈，向前猛然反背甩劲，将其跌出。（图3-159）

图3-159

四十三、彩凤凌空

【实战举例】

（1）敌方右脚进步，左拳击打我方面部。我方退步坐身，左掌上起，拦格敌方左肘。（图3-160）

图3-160

（2）随即，我方左掌贴住敌方左臂后滑，顺势旋抓敌方左腕；右手从敌方左臂下侧穿过，抱按敌方左拳；同时，右脚上步于敌方裆下，向左转身，用右肩扛住敌方左肘。（图3-161）

图3-161

（3）不停，我方右手紧紧抓压敌方左拳；同时，向左转体，猛旋左肘，靠击敌方左肩胛，伤其关节，致其失力。（图3-162）

图3-162

四十四、百鸟齐鸣

【实战举例】

（1）敌方右脚进步，右拳击打我方面部。我方退步吞身；同时，左掌拍格敌方右臂，阻截敌方拳击。（图3-163）

图3-163

第三章 太乙擒扑四十七手

（2）随即，我方左脚前滑；同时，左掌顺势下按敌方右臂，右掌乘机向前穿出，指尖发力，伤其咽喉。（图3-164）

图3-164

（3）不停，我方右脚垫步之际，左脚上步后绊敌方右腿；同时，左手前伸从敌方脑后扒按其头顶，右掌推托敌方下颌，食指和中指抠压敌方双目，将其控制。（图3-165）

图3-165

四十五、伏虎灵台

【实战举例】

（1）敌方右脚进步，右拳击打我方面部。我方侧身，重心下沉；同时，左掌向前提起，用左臂格挡敌方右臂。（图3-166）

（2）随即，我方左脚稍进，左掌外压敌方右臂；同时，右手前伸，穿过敌方右耳，反掌按住敌方后颈。（图3-167）

图3-166

图3-167

（3）接着，我方速提右膝，撞击敌方面部；同时，两手下扒其脑后或肩部，使其难以逃脱。（图3-168）

图3 168

（4）不停，我方右脚向后落步；同时，两手猛然抓拽敌方向我方右下甩出，致其前扑，栽地难起。（图3-169）

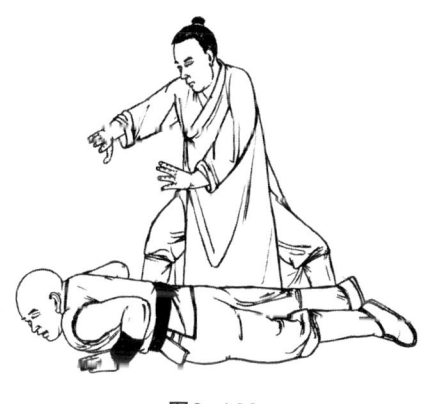

图3-169

四十六、永守黄庭

【实战举例】

（1）敌方右脚进步，右拳击打我方面部。我方撤步，向左侧身之际，右掌向前劈砸敌方右臂。（图3-170）

（2）随即，我方右手后捋，左手前伸，两手合抱敌方右拳。（图3-171）

图3-170

图3-171

（3）接着，我方向左转体，左脚向后撩踢敌方裆部；同时，两手紧抱敌方右拳下拉助劲，致其重伤难逃。（图3-172）

图3-172

（4）不停，我方左脚落步，上体左转；同时，左掌反划，拦扒敌方头部，向我方左下猛劲甩压，将其跌出。（图3-173）

图3-173

四十七、抱元守正

【实战举例】

（1）敌方突袭，从身后将我方拦臂合抱。（图3-174）

（2）我方急将左脚摆步，沉身坐胯，两掌用力外插。（图3-175）

图3-174

图3-175

（3）随即，我方猛然起身，两臂向上抬举，如此一沉一起，即可挣开敌方两臂。（图3-176）

图3-176

（4）不停，我方臀部突然后拱，撞击敌方裆部或腹部，冷劲难防，致其疼痛，失衡后倒。（图3-177）

图3-177

第四章

太乙反擒扑二十四手

反擒扑，主要指在遇敌擒拿，或敌方欲使我方摔跌时，尽快将其破解，乘机反击，顺势擒扑。

反擒扑以主动擒扑为基，结合防卫技巧，用招关键在于料敌机先，反应灵敏，随机应变。在敌抓锁初起时，即要及时抵抗，拦封来手，准确化解，不可轻易让敌得势，更不可轻易让敌发劲，否则易陷入被动。一

旦解脱，即要争取主动，快速反制，擒伏拿获，近摔远跌。有所谓"学会反扑手，见手即破手。一手接一手，敌倒方松手"之说。

今就太乙反擒扑，选其精招二十四手，献于同道共研。

一、太乙游宫

【实战举例】

（1）敌方右手抓住我方右掌向下旋拧，左手推按我方右上臂，欲行擒拿。（图4-1）

（2）我方顺势向左转身约半周，左脚从右脚后侧绕步，落于敌方右腿后侧；同时，右臂就劲翻贴背后，缓解敌方扭劲。（图4-2）

图4-1

图4-2

（3）随即，我方左拳反背劈打，伤其面部，迫其松手。（图4-3）

图4-3

（4）不停，我方乘机向右旋身，左脚贴地刮踢，扫击敌方右腿，右掌按推助劲，致其向后躺倒。（图4-4）

图4-4

二、纯阳拖牛

【实战举例】

（1）我方左脚上步，右拳打出。敌方左手抓我方右腕部，右手抓我方右肘外侧，以小缠丝擒我。（图4-5）

（2）我方右臂挺劲，右脚上步，左手乘机抓住敌方右腕；同时，右臂屈肘向前上横击敌方耳部。（图4-6）

图4-5

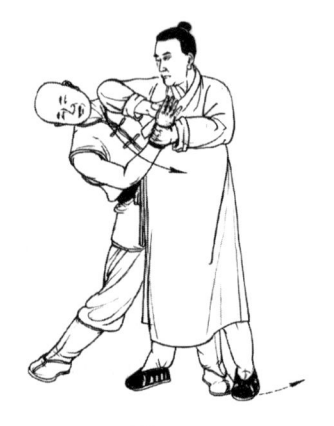

图4-6

（3）随即，我方左脚退步，右手乘机折压敌方右掌，右肘顺势夹压敌方右肘，向左牵拉。（图4-7）

图4-7

（4）不停，我方向左旋身，猛然拖拽，将其摔躺在地。（图4-8）

图4-8

三、青龙卷尾

【实战举例】

（1）敌方左手穿过我方右肘，兜挎我方手臂，反别于后，右手按住我方右肩，致我方弯腰俯身，向前欲倒。（图4-9）

（2）我方先行抵抗，右肩前顶，化敌右手按劲，随即右手前伸，屈肘兜夹敌方左前臂，并用左手抓握右拳助劲。（图4-10）

图4-9

图4-10

（3）随之，我方左腿稍后摆，身体向上撑起，右肘夹紧向外翘折敌方左肘关节，将其擒拿，致其后倾。（图4-11）

图4-11

（4）不停，我方向右旋身，两手猛力将敌向右后方甩出，致其轰然倒地。（图4-12）

图4-12

四、黑虎晃膀

【实战举例】
（1）敌方突然上前，伸出右手抓住我方胸襟，欲施擒拿。（图4-13）
（2）我方疾起右手，抓扣敌方右手背，紧紧压住。（图4-14）

图4-13

图4-14

第四章　太乙反擒扑二十四手

（3）随即，我方两脚摆扣，向右转体，顺势拉拽敌臂；同时，左膀滚格敌方右前臂，旋扭其腕，致其伤疼。（图4-15）

图4-15

（4）不停，我方左膀紧靠，继续旋劲，致其前扑，趴倒于地。（图4-16）

图4-16

五、金豹回首

【实战举例】

（1）敌方从身后用左手抓住我方后衣领，欲图不轨。（图4-17）

（2）我方迅疾向左转身，拉直敌方左臂；同时，左臂立肘，向外格击敌方左肘。（图4-18）

图4-17

图4-18

（3）随即，我方左脚上步，里绊敌方左腿；同时，左手前伸，反掌拦按敌方右颈，向左猛劲扒搂，致其旋跌扑地。（图4-19、图4-20）

图4-19

图4-20

六、果老上驴

【实战举例】

（1）敌方突上右步，右手抓住我方头发，向下拽拉。（图4-21）

（2）我方两手迅疾上起，抱按敌方右掌背，紧紧扣压。（图4-22）

图4-21

图4-22

第四章　太乙反擒扑二十四手

（3）随即，我方左脚后撤，两手紧扣后拉，头部猛然前压，别其手指，折其右腕，致其立身不稳，将其拖趴于地。（图4-23）

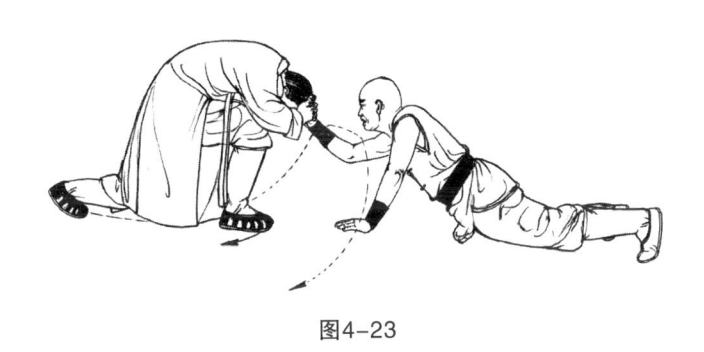

图4-23

（4）不停，我方乘其腕指伤疼而松手之际，向右转身，两手向右拧转敌方右臂，左脚随之右跨，下坐其肘，断其关节，致其趴伏。（图4-24）

图4-24

七、孤雁盘翅

【实战举例】

(1) 敌方乘我方不备,从身后用手抓住我方头发,向后下拉。(图4-25)

图4-25

第四章　太乙反擒扑二十四手

（2）我方疾起右手，按紧敌方掌背，不让其加力；同时，上体左转，左手从敌方右臂外侧上穿，左肘下压其上臂，致其疼痛失力。（图4-26）

图4-26

（3）不停，我方左肘继续用劲下压，致其右手松开，突然向右转身，粘带敌臂猛力旋甩，将其跌扑而出。（图4-27）

图4-27

八、仙姑挎篮

【实战举例】

（1）敌方从后用两手抱箍我方腰部，欲使摔跌。（图4-28）

（2）我方疾用左手抓住敌方右腕，上体右旋，右肘摆击敌方耳部，致其重创。（图4-29）

图4-28

图4-29

（3）跟踪追击，我方右手下穿，向上提肘，兜挎敌方右肘；同时，左手缠转，交错使劲，伤其肘关节。（图4-30）

图4-30

（4）不停，我方右掌拦压敌方头部右侧，随即向右转身，两脚摆扣，合力摔敌，将其掷出。（图4-31）

图4-31

九、小龙摆尾

【实战举例】

（1）敌方突袭，从后伸出左手，抓住我方右肩，欲图不轨。（图4-32）

（2）我方疾起左手，抓按敌方手背；同时，向右旋身，右掌上扬，拦封防卫。（图4-33）

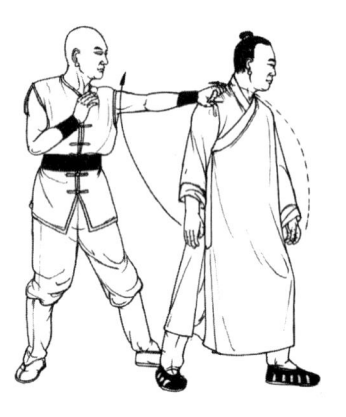

图4-32

图4-33

（3）随即，我方右肘兜缠，挎敌腋下，右拳拦扣敌方右耳；同时，左手抓敌左腕后拉。（图4-34）

图4-34

（4）不停，我方右腿撤步，向右转身；同时，右拳旋劲后勾，右肘滚劲兜转，左手缠劲扭拉，致敌翻跌而躺。（图4-35）

图4-35

十、白虎回身

【实战举例】

（1）敌方从身后两手环臂，勒夹我方脖颈。（图4-36）

（2）我方疾将右手扒拉敌方右前臂，头颈左转，以免窒息。随即右脚右移，左肘急向后猛击敌方左肋，迫其松手；右手捋抓敌方右腕，向右掰开，化险为夷。（图4-37）

图4-36

图4-37

（3）紧接着，我方身稍左旋，左手上穿，过敌右腋下，用掌根推其肩后。（图4-38）

图4-38

（4）不停，我方向右转身，左手贴住敌方右肩，向我方右下猛劲推压；同时，右手顺势旋拉，左腿拦绊敌腿，弓步送劲，致敌扑地。（图4-39）

图4-39

十一、力士拔柳

【实战举例】

（1）敌方乘我方不备，右手擒住我方右腕，左手拿住我方肘部，将我方右臂反扭。（图4-40）

图4-40

第四章 太乙反擒扑二十四手

（2）我方以打破擒，急起右脚，向后撩踢，伤其裆部。（图4-41）

图4-41

（3）敌方负痛松手之际，我方右脚落步，向右转身，右手穿过敌方左腋下，上提后兜；同时，左手按抓敌方头顶，用力下压。（图4-42）

图4-42

（4）不停，我方右腿进步，外绊敌方右腿，同时，右肘盘屈夹压，右手顺势按抓敌方左肩，致其前倾。（图4-43）

图4-43

（5）最后，我方两手按紧，陡然向左发力，将其掼出。（图4-44）

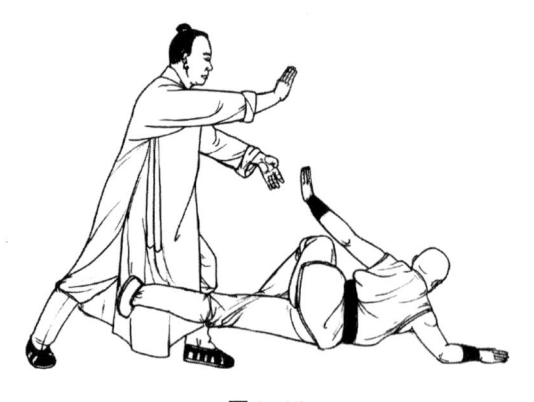

图4-44

十二、推山倒海

【实战举例】

（1）敌上右步，左手擒住我方左腕，右臂兜挎我方左肘，欲折我方肘关节。（图4-45）

图4-45

（2）我方疾将左脚进步，后绊敌方右腿，上体顺势前倾，贴近敌身；同时，左臂乘机用力，向前下伸，缓解敌方兜挎之劲。（图4-46）

图4-46

（3）随之，我方右掌推击敌方面部，致其仰头失力，负痛松手。（图4-47）

图4-47

第四章　太乙反擒扑二十四手

（4）不停，我方左臂乘机前伸，上拦敌方前胸。（图4-48）

图4-48

（5）最后，我方左臂加力，左掌反扫，将敌摔出。（图4-49）

图4-49

213

十三、白猿搜根

【实战举例】

（1）敌方左手抓住我方左腕，反扭我方左臂，右脚绊住我方左腿，右掌按压我方左肘，使我方处于被动。（图4-50）

（2）我方左腿急速前跪，上身顺势前俯，左肘奋力上顶，以此改善被擒局势，缓解臂扭痛苦。（图4-51）

图4-50

图4-51

（3）紧接着，我方右手尽力向左伸，捞抓敌方右脚踝。（图4-52）

图4-52

（4）不停，我方右手抓扣敌方右脚踝向右提拉，左膝乘机跪压敌方右腿膝弯处，迫其右腿下跪，身形下落，两手松劲。（图4-53）

图4-53

（5）然后，我方左臂顺势屈肘，前顶敌方右肋；同时，借劲起身左转，右手用力提起敌方右腿。（图4-54）

图4-54

（6）最后，我方两手合力，一起托住敌方右腿，向前猛然掀推，将其抛跌而出。（图4-55）

图4-55

十四、悬崖勒马

【实战举例】

（1）敌方两手抓搂我方左腕，转身肩扛我方左臂，欲施摔法。（图4-56）

（2）我方急出右手，过敌头顶前伸，锁扣其眉骨后搬，迫其仰头，难以发力，破其扛摔。（图4-57）

图4-56

图4-57

（3）随即，我方提起右膝，猛力上顶敌方腰背，致其伤痛，身形歪斜。（图4-58）

图4-58

（4）不停，我方右脚向后落步；同时，左手尽力内圈，后勒敌方脖颈，两手一起向右后方压甩，将其放倒在地。（图4-59）

图4-59

十五、潜龙出水

【实战举例】

（1）敌方右脚在前，两手抓锁我方右手，拇指扣推掌背，欲折我腕。（图4-60）

图4-60

（2）我方右脚急速撤退，右膝就势跪步，左脚上步，减弱敌劲，暂缓腕痛。（图4-61）

图4-61

（3）随即，我方上身前俯右旋，左手搂抱敌方右小腿。（图4-62）

图4-62

第四章　太乙反擒扑二十四手

（4）不停，我方上体左倾，头部前抵敌方右大腿，左手向后搂拽，右手握拳前撑，迫其两手松劲。（图4-63）

图4-63

（5）最后，我方起身，右脚进步，左手上提其右腿，右掌前插，伤其左肋，致其后倒。（图4-64）

图4-64

十六、大力单鞭

【实战举例】
（1）敌方右脚在前，两手反扭我方右臂。（图4-65）
（2）我方疾将左脚左摆，就势缩身，缓解拧劲。（图4-66）

图4-65

图4-66

（3）不停，我方左臂屈肘，尽量上提；同时，右臂用力下挣，继续减弱敌劲。（图4-67）

（4）随即，我方向左旋身，左肘后摆，伤其左耳，迫其松手。如敌仍不放手，我方可连续肘击。（图4-68）

图4-67　　　　　　　图4-68

（5）最后，我方左脚绕步，后绊敌方右腿；同时，左拳反臂横拦敌方左腋，将其向左跌出。（图4-69）

图4-69

十七、道童脱靴

【实战举例】

（1）敌方左手抓扭我方左手，右手按压我方左肩，正在擒拿。（图4-70）

（2）我方急忙左旋下俯，减轻敌方拧臂力度；同时，右手捞抓敌方右小腿。（图4-71）

图4-70

图4-71

（3）随即，我方右脚垫步，左脚前绊敌方左腿，同时，右手拽提敌方右腿，左手向左用力挣脱。（图4-72）

图4-72

（4）不停，我方向左旋身，右手托其右腿外掀，左手反抓敌方前襟，向左猛力后拽，合力旋劲，将其摔出。（图4-73）

图4-73

十八、横云断山

【实战举例】

（1）敌方右手穿过我方左臂，从后按压我方左肩部，准备擒拿。（图4-74）

（2）我方急将左手握拳，向下用力伸臂，压脱敌方右手；同时，向左旋身，左脚绕步。（图4-75）

图4-74

图4-75

（3）随即，左拳变掌，向前横切敌方左肋，左腋顺势夹住敌方右臂。（图4-76）

图4-76

（4）不停，我方右脚上步，进于敌方裆下；同时，向左转身，弓步发力，左臂横拦，左掌盘旋，将其摔出。（图4-77）

图4-77

十九、海底捞月

【实战举例】

（1）我方左脚进步，左手插击敌方眼睛。敌方俯身进步，双手抱住我方左腿，欲使摔法。（图4-78）

图4-78

（2）我方急用右掌下按敌方脑后，使其低头哈腰，无法用力。（图4-79）

图4-79

（3）不停，我方左手下落，从后捞抓敌方裆部，两手合力，掂裆摁头，向右甩掷，将其掼出。（图4-80）

图4-80

二十、摘桃拔根

【实战举例】

（1）双方撕扯之时，我方上身前倾，敌方乘机向下锁抱我方右肩及左肋。（图4-81）

（2）我方先防被摔，左脚前移，弓步顶劲，稳住身形；同时，左手上掏敌方裆部，致其剧疼松手。（图4-82）

图4-81

图4-82

（3）随即，我方左脚乘机上步，后绊敌方右腿；同时，右手捞起敌方左腿。（图4-83）

图4-83

（4）不停，我方右肘兜起敌方左腿，向上猛掀前送，致其后翻跌出。（图4-84）

图4-84

二十一、擒将摘盔

【实战举例】

(1)敌方欲摔倒我方,右腿后盘我方左小腿,右肩靠我方大腿,头部顶我方小腹。(图4-85)

(2)我方左腿快速屈膝,顶其右腿,先行相抗,稳劲防摔;同时,右手由上向下抓按敌方头顶,左手由下向上扒托敌方下颌。(图4-86)

图4-85

图4-86

（3）随即，我方两手陡然发力，向左拧转敌方头颈（轻则致人昏晕，重则致命，不可轻易使用）；左膝前顶，不要放松，助劲增力，防其滑脱。（图4-87）

图4-87

（4）不停，我方两手向左一扒，左脚向上一挂，即可将敌摺倒。（图4-88）

图4-88

二十二、关门送客

【实战举例】

（1）敌方乘虚左脚进步，左手撩抓我方裆部。（图4-89）

图4-89

（2）我方两膝内扣，藏裆收腹，右手抓控敌方手掌。（图4-90）

图4-90

（3）接着，左掌猛力下劈，伤其左臂，令其下跪，使其松劲。（图4-91）

（4）不停，我方右手抓提敌方左掌，左脚上步，后绊敌方左腿；同时，左掌前绕缠压，抓按敌方左肩。（图4-92）

图4-91

图4-92

（5）最后，我方两手搜拉，弓步发劲，向右推送，将其摔躺。（图4-93）

图4-93

二十三、公明骑虎

【实战举例】

（1）敌方从后突袭，左手推我方背部，右手捞我方裆部。（图4-94）

（2）我方两膝急扣，夹腿合裆，保护要害；同时，两手锁扣敌手，使其爪抓劲迟滞。（图4-95）

图4-94

图4-95

（3）随即，我方猛然下坐，重心下沉，上体后仰，伤敌右肘，迫其松手。（图4-96）

图4-96

（4）不停，我方向左转身，左脚进敌裆下；同时，左掌大力横扫，削敌脖颈或耳门，致其受创跌出。（图4-97）

图4-97

二十四、金蝉脱壳

【实战举例】

（1）敌方突然近身，搂抱我方两臂及腰，头靠肩抵，欲行摔跌。（图4-98）

图4-98

第四章　太乙反擒扑二十四手

（2）我方两掌上穿，插击敌方软肋；随即上体后倾，左膝上提，顶击敌方裆部。敌方受击，负痛松手。（图4-99）

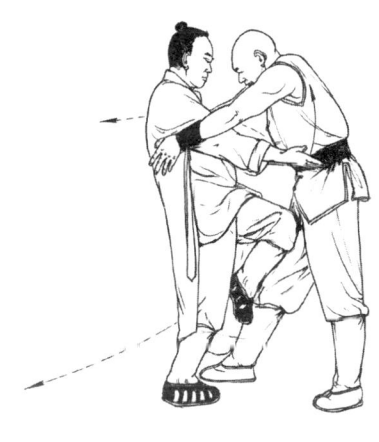

图4-99

（3）最后，我方左脚后落，顺势转身，弓步发力，两手抓拽敌方腋侧，猛然向左甩送，致其惨然翻躺。（图4-100）

图4-100

239